AF276344

LA AUSENCIA EN QUE PERDURAS

LA AUSENCIA EN QUE PERDURAS

Krishan Heredia

Número 415 de la Colección VALPARAÍSO DE POESÍA
dirigida por FEDERICO DÍAZ-GRANADOS

Diseño y maquetación: Chari Nogales
www.charinogales.com @chari_nogales
Imagen de portada e ilustraciones interiores: Gabriel Heredia

Primera edición: febrero de 2024

ISBN: 978-84-19347-97-8
Depósito Legal: GR 130-2024

Impreso en España - *Printed in Spain*
Gráficas Gami

I

SEMILLAS

SEMILLAS

En un segundo me robaste el llanto
y yo que juré siempre amarte prometo
sembrarte hasta la muerte los versos
que te germinen en la mente un árbol
el cual te llore por fruto hasta el lecho
y te inunde ese agujero al que llamas pecho.

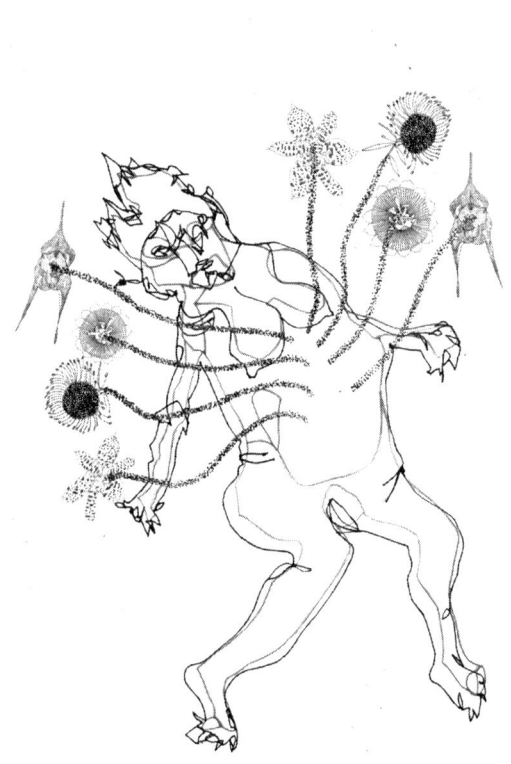

I

Hay más espacio en el espacio
también hay más camino en el camino
hay más segundos en las pocas horas
y brillan, por fin, en mi jardín las todas.

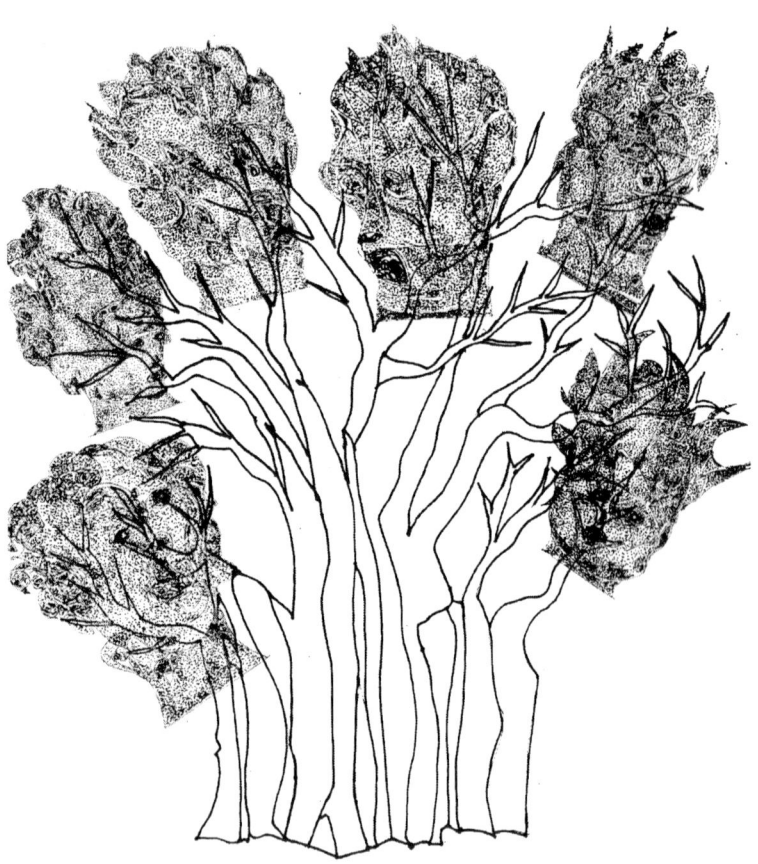

II

En las noches mi mano,
como estas palabras lentas,
acerca su cuerpo, sus labios,
a tu desierto nocturno,
de aquel momento en que solías,
lugar antiguo en que llovías,
y empuñando un pedazo de tu tiempo
escapan mis segundos a tu arena
y desmoronas tú la mía con tu viento.

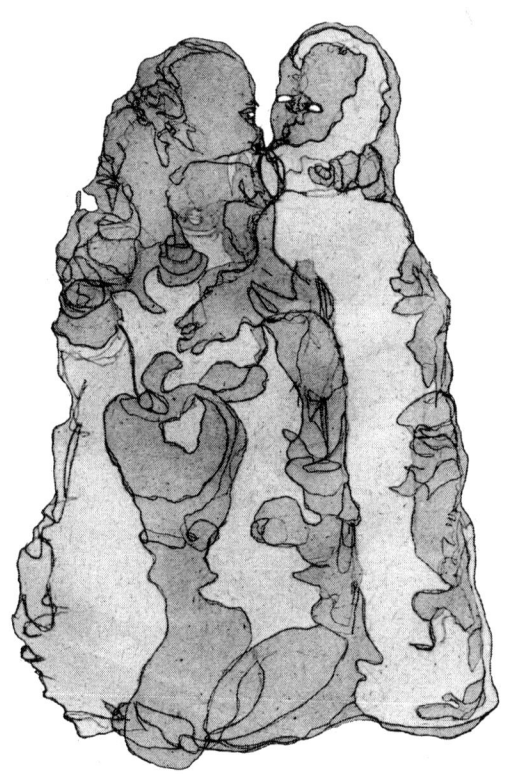

III

Y entonces nos fuimos nosotros, yo con el nos y tú con los otros.

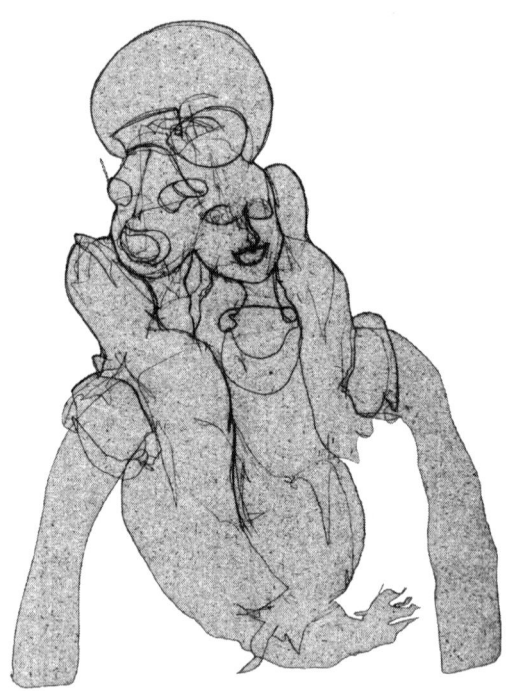

IV

Tan solo quiero que mis noches dejen de ser tuyas.

Tan solo…
tan solo quiero
verte el alma desnuda
y comprender, quizás, tu amor.

Tan solo…
tan solo quiero
recuperar los años
que no tuvieras tú mi hola
y no conocer, jamás, tu adiós.

Tan solo estoy…
tan solo huyo
me destruyo
tiempo tuyo
tú, yo.

Tan solo estoy…
tan nuestro
tan sin mí.

V

Me diste a luz un recuerdo y te fuiste.

Enséñame a cuidar de este niño
con tus manos calientes de madre
o muéstrame el camino al olvido
con tus pies mojados de ausencia.

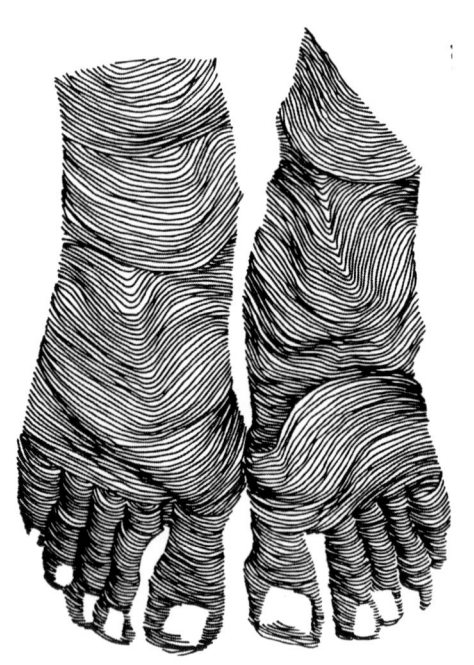

VI

¿Es la soledad tu ausencia o que perduras?

VII

Retumban mis latidos en el tiempo,
en nuestro himno a la unión y la inocencia,
en la tormenta sexual de nuestros vicios,
en nuestra muralla de pactos e impaciencia,
y en tus tambores sudados de desquicios.

Ahora, en las intermitencias del tiempo perdido,
en el que vendrá, en el que ya se ha ido,
rompe nuestro amor líquido en las olas,
tu cuerpo temporal se extiende en bruma,
nos germina el sudor de enmudecer a solas
y me fluye un caudal de nervios en espuma.

VIII

En tu piel está el reloj
que nos devuelva el sueño
y en mis manos el ladrón
que te socave el tiempo.

IX

Sensato y plural perfume es la empatía,
pecado en baluarte, protector de cuellos,
contra el cantar de impulso de mi mano impía
que arrancare en albedrío tantas flores.

Músculo de vidrio, zarigüeya, cobardía,
escritor de mi muerte, quien mis alientos cultiva
y marchita en mí cada letra de "autarquía"
por tallar en mí su nombre y su traición.

Las gracias, sin dudar, doy siempre a ellas
igualmente, a las dos, sin descansar, maldigo
por preservar mi legado, por custodiar mi vida,
por negarme el reposo, por caminar siempre conmigo.

X

Entender, con afán de sonrisa lejana,
que, por tenerte, amén, correcta
he de tenerme antes yo completo,
con éter de rapaz colmado en intersticios
y aceptando en cofradía, en decisión,
el silencio carnal de mis desquicios.

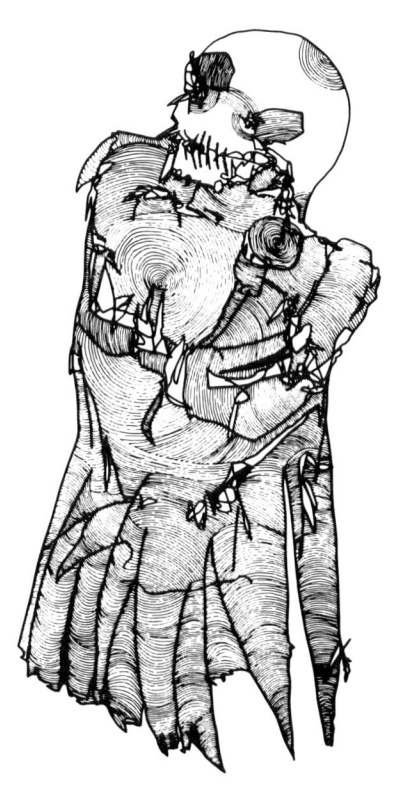

XI

Te extraño… futura… hipotética…
Extraño lo que debiste ser, extraño lo que serías,
los viajes pospuestos, nuestras lágrimas tardías.

Te extraño intangible, te extraño al revés,
en redoble, completa, más gorda,
te extraño fecunda, te extraño después,
te extraño… te extraño…
te extraño…

Hoy existo en desfase
hoy seré lo que fuimos
hoy fui lo que debimos
hoy sería lo que el querer salvase.

¿Cómo se vive a destiempo?,
con mi piel de ahora, con las manos de ayer,
con los ojos mañana y nuestra sangre sin ser…

¿Cómo se vive incorrecto?,
en un tiempo corrupto, de suceder imprudente,
sublevado traidor es mi reloj insurrecto
que mi cuello y mis segundos con sus dagas fragmente.

Soy pasado olvidado, soy futuro impreciso,
en el eterno presente un animal indeciso
de paso ancestral y transcurrir ausente,
hoy soy… tan incorrectamente…

XII

Nosotros tan... tan...
Y tú tan... así...
Con esta situación tan... pues tan así, ¿no?

Esas palabras tuyas, esa mirada solo tuya
que me hace sentir... Y únicamente eso...
Recuerdo lo que me dijiste...
Nunca jamás lo que yo te dije...
Y tú... ¿recuerdas aquello?

Ahh, es que nosotros, así tan inexplicablemente...
Es que tú con aquellas tan... aquellas...
Y yo con esta, pues... frágil... muy frágil.

Es que esas conversaciones... ¿Cierto?
¿No cierto?, qué risa
sí, claro, claro que lo recuerdo...
Imposible sería que no.
Pues sí, lo recuerdo, cómo olvidar
cómo olvidar...
Es que lo de nosotros sí...
De esa manera tan... con eso...
Y tú así... y yo así... nosotros tan, tan así...
Y lo demás allá... todo... allá...
Mientras nosotros tan de esta forma,
a este tiempo, en este lugar,
y en aquel, y en ese, y en el de allá,
de tantas maneras inquietas,

en especial esa completa, ¿recuerdas?,
¿recuerdas cómo era, cómo siguió siendo,
cómo sería?
Tan así, tan tuya, tan mía, tan...
Y todo lo demás allá... tan allá...

No lo merecíamos, ¿sabes?
Necesito que lo entiendas porque
¡no llores por favor!
No después de esto...
No sin olvidar aquello...
No sin... nosotros...

Qué tortura no olvidarme de esto,
y más aún no recordar aquello.
¿Qué tuve que hacer para no estar allá?
¿Qué estás tú pagando para estar acá...
conmigo, contigo, con todo... mas sin lo nuestro?

Sí... todavía me siento así...
Y de ninguna otra manera podría...
Duele tanto que seamos...
Después de tanto haber sido...
Para ya más nunca ser...
Como en aquella tarde
dentro de unos años
donde tanto lo íbamos a ser,
donde sonreías tan desde allá...
Hay muy poco acá de este lado...
Donde todo es muy... muy...
Demasiado tú, ¿cierto?, y tan yo,

y pues tan poco… eso tan nuestro.
Lo que sí nunca olvidaré…
Está en mi mente cada… pues siempre
eso tuyo, totalmente tuyo, siempre en mí…
¿Y entonces qué me queda a mí?
Pues eso… Lo tuyo, completo,
y a ti pues también, eso tan tuyo
que lo disfrutes, no lo dejes ir…

Aunque ya con eso, con lo tuyo
con lo tuyo… que ahora es mío…
Con eso nuestro, ay, ahora qué…
Ya con eso qué…
Dime, te digo, lo acepto,
¿me entiendes?
Ya con eso, ya con esto qué…

XIII

Que de mí las flores nazcan
y muestren al mundo los colores
de mi tiempo negro y horizontes
con dedos de segundos que perforan
y las palabras de minutos de horas,
estos días de clamor incesante
en las burbujas de cemento
que son las semanas ilógicas
surcando la espesura de los meses
y la continua fluidez del firmamento,
cacique de los años de mis días,
emigrantes de la patria del tiempo,
donde el vivir tiene fin
y los segundos se acaban.

XIV

Al paso lento de mi voz de bruma
cultivo injerte en mi jardín las dudas
que de veraz el fruto me lo narran
y le tejen las raíces a mi tiempo.

XV

Desgracia es soñar mucho y poder poco, y la mayor gracia es poder soñar poco, aún más que poder soñar y poder.

XVI

Prefiero aquella mentira que nos fuiste, que ya no aguanto ser más esta verdad que soy.

XVII

Estoy mejor sin ti, pero sin ti.

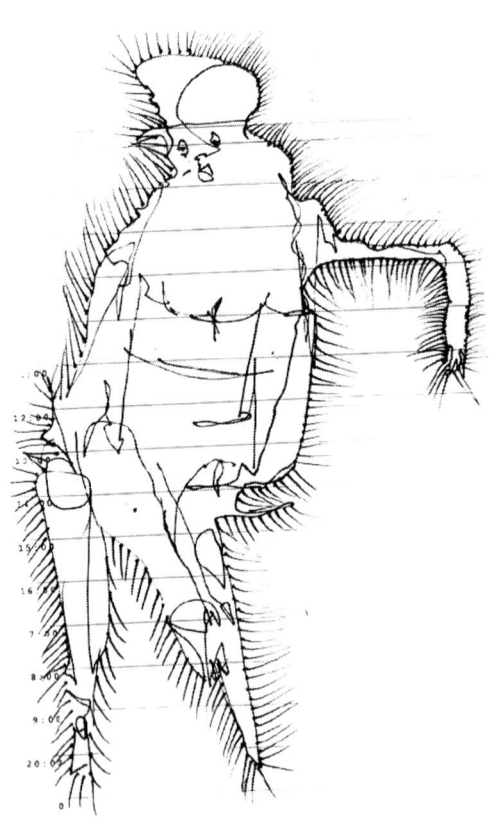

XVIII

Ya no me puedo arrancar aquel vacío tan tuyo.

XIX

No te merezco.
No merezco tus ojos ni esa mirada.
No merezco tus manos ni cómo me tratan.
No merezco tu almohada ni lo que te guarda.
No merezco tu palabra ni lo que pudo en mí.
No mereces lo que te di, lo que puedo darte.
No mereces lo que yo fui ni esto de amarte.
No mereces mi tiempo que malgastaste.
No mereces mis ojos que te salven.
No te merezco.

XX

Fluye un veneno en ti, sirena, que hiede a carne, que sabe a hombre.

XXI

Este amor que me invade, que se atasca, se coagula,
esta infección amarilla de gritos bajo piel.

La muerte más lenta es callar algo.

¿Cómo me dreno esta ternura corroída?
¿Quién me recibe este amor que para mí no quiero?
Un poco de esta luz en demasía
antes que se vuelva pantano mi jardín secreto.

XXII

¡Qué cosa es la soledad si no un fantasma!
O muchos.
O demasiados.

XXIII

¿Quién contra ti?
Si fuiste mito.
¿Quién para mí?
Si tú no existes.
¿Quién para amar?
Si ni tú jamás pudieras
ser lo que en mis ojos fuiste.

XXIV

Ya no me interesa alcanzar mis sueños… tan solo
alcanzar a conciliar, por fin, el sueño.

XXV

Ojalá te sanes de ti.

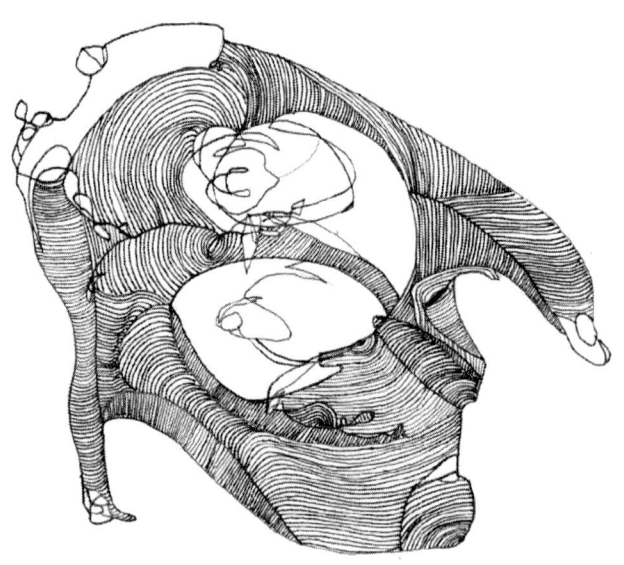

XXVI

Ya me sacudí tu arena y el vértigo en tu nombre.

GRACIAS

Al olvidarte me recordé.

II

LAS AGUAS INFANTAS

VERDE

Su silueta
es una gota más
y resbala mi voz entre la lluvia.

A lo lejos
se me pierden
sus ojos
y los míos.

Ya nada queda
y en mí su sombra crece.

OJOS DE PERRO

De su pecho salta un perro enfermo,
que a sus ojos busca de jadear ciego
y en su cuero ladra un gemido.

Ojos de perro, su cristal,
gotas que al caer mojan
de los grillos sus pies.

Qué curioso ver llover
y ser lloviendo un eco.

Él quiere ser lluvia, alejar el frío
ser sinfonía en el rocío de su cara
en cada esquina ladra
en cada esquina estremece
y persiste la lluvia en su pelaje de asfalto.

Otro beso.
Enrojece.

En el eco
de las calles
enmudece
un grito

y el metal de un auto
se derrama

en el cuerpo
de un perro

que es ahora lluvia
ahora sombra blanca
ahora asfalto
negro.

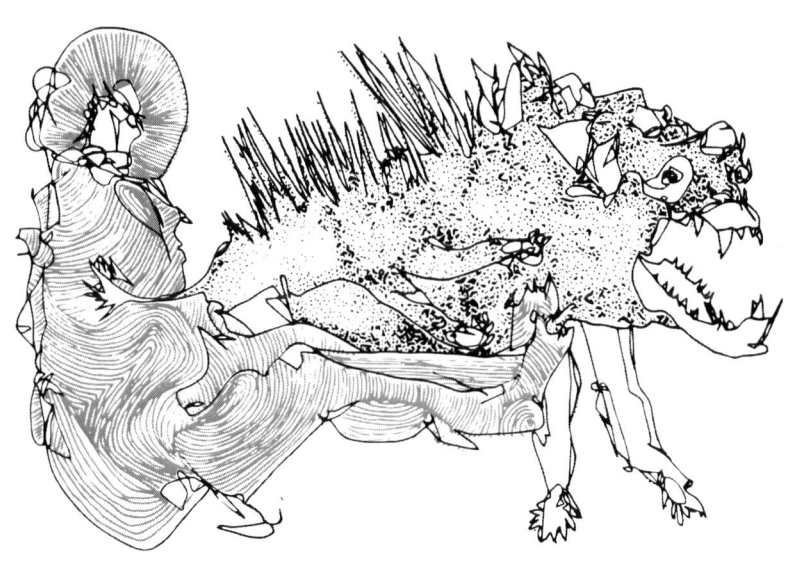

ECLIPSE

Entraste y despertó el sol
como queriendo pintarte.
Entraste y se eclipsó todo.
Y está muy oscuro.
Negro el paisaje.
Me quedan, un rato,
tu silueta y su ardiente lumbre
que, por la espalda del mar, se esconde.
Voy a ahogarme, en las aguas profundas,
a ver si te encuentro…
a tu voz y a tu nombre.

TU SONRISA ES UN ANILLO

Tu sonrisa es un anillo
que se acomoda a mi dedo
como un pequeño anillo que…
que me sonríe sin miedo
y que se asemeja a las palomas
en las ramas, y a sus pies.

DE TU CAMISA NO ME OLVIDO

De tu camisa no me olvido.
Nunca lo hago.
No de las fuerzas que me da
ni de las que me quita.

Siento cada mirada que me roba
y cada olor que yo le arranco.

Me gustan sus florecitas.
Parecen más estampados mis ojos,
mis dedos que no la sueltan.

Tu aroma a rosa no la abandona
por más que mi nariz la abrace.

Temo estar mucho tiempo con ella.
Que algún día no huela a nada
y yo a ti toda completa.

QUÉ BONITO SILENCIO

Qué bonito *cucarachas,* MUERTE *gusanos, ojos, yo,* **silencio**
El de nuestras *suciedad* MUERTE *papel higiénico, sangre* **bocas**
Al *toallas húmedas, orín* MUERTE *inodoro, gritos, perros* **besarse**
Pues no *te odio, heces...* MUERTE *tristezas, te detesto,* **me hieres**
Como sueles *escupitajo,* MUERTE *me lastimas, me odio,* **hacerlo**
Cuando de *tú, miserable* MUERTE *demonio,* **palabras se llena**
Tu boca *¡perversidades!* MUERTE *me detesto, nos odio* **perfecta**

Qué bonito *¡por qué no!* MUERTE *Nunca. Ahora muero...* **silencio**
El de tu llanto *y nunca,* MUERTE *nunca pude, y lloro...* **apagado**
Cuando tus *jamás pude,* MUERTE *ya nunca más seré...* **malditas,**
Como avispas *silencios* MUERTE *nada más me queda* **de muerte,**
Con tu tristeza *avispas* MUERTE *cucarachas, gusanos* **se ahogan**
Y estás *y yo soy basura,* MUERTE *y no soporto los gritos* **callada**

Qué bonito *así es todo,* MUERTE *me gritan y no aguanto* **silencio**
El de tu boca *maldicen* MUERTE *las palabras de muerte* **de hielo**
Cuando besas *y lloran,* MUERTE *las hojas y suciedad mía* **a otro,**
Y no eres *ya no más, no,* MUERTE *y mi alma ya no es mía,* **mía,**
Pues es un regalo *mía* MUERTE *y lloro, y ella es toda,* **perderte**
Y ojalá *completamente,* MUERTE *putrefacción* **nunca me tengas.**

Qué bonito *cucarachas,* MUERTE *muertas y viscosas...* **silencio**
Del que sería *¡insectos!* MUERTE *bolsas de basura, yo,* **tu boca**
Si la habitaran *babosa* MUERTE *huevos y parásitos* **mil moscas**
Así te amaré *yo, yo, yo,* MUERTE *yo, yo, yo, yo...* **y a tu silencio**

Un silencio perfecto.

SIEMPRE

Aunque no esté
está ella entera
oculta
entre la nieve
entre las nubes secas
y estas hojas
donde no encuentro
ni su olvido
ni su muerte.

EL POETA CIEGO

Ciego entre ciegos
vaga el poeta por el mundo
con su báculo insensible
dando tumbos contra todo.

Siente el hombre o cree que siente
lo que ni Dios,
pues no lo entiende
y aunque lo busque no lo encuentre
dice el báculo que miente.

Aunque sentía ya no siente
el poeta se abre paso con las manos
dando tumbos contra todo
entre los báculos que mienten
pues ya no sienten, ya no sienten.

A DESTIEMPO

Se me escapan a destiempo tus días
y me dejan estas flores a su paso
yo de ninguna en mi jardín me quejo
a todas por igual admiro

¿Qué haré con tanto color nuestro y utopías?
Quién me enseña cómo alargar un segundo…
Y de todas cuál me susurrará tu aroma

Acaso en su cultivo están las horas
acaso en estas flores mil vidas.

TÁNTALO

Aquel que entregó a los dioses su hijo,
por amor paternal o por injuria,
quien de los cielos despertó la furia
tiene ahora en vida el tormento fijo.

Arrojado de bruces a hondo lago.
Hasta la barbilla sube el cruel vino
y huye si se busca, dando así el sino:
una sed pervertida por el trago.

Reflejado en sus ojos la ambrosía
de encontrar vocación en el talento,
mas vio en sus esculturas el tormento,
pues daba al arte el brazo y este huía.

Pende sobre sí una roca que acecha,
reliquia de los seres del averno,
quienes en él siembran temor eterno:
no reventar el cráneo hasta la fecha.

Fue vuelta su sed en un acertijo.
Y aunque a veces ceda el lago al intento…
será, Tántalo, mi padre: el sediento,
aquel que entregó a los dioses su hijo.

POESÍA

¿Por qué?,   pertinencia Tuausencia DEMENCIA
si bien sabes *¿por qué?* cuánto callo   suerte
cada día,   *¿por qué?*   **cuerpos**   muerte (alas de tus ojos)
te apareces solo *¿por qué?*   **cuerpos**   (rimas malas)
cuando callar ya no puedo *¿por qué?* **cuerpos**   olvido
entre las sombras! ¿cómo estoy? *¿por qué?* **cuerpos**
las sombras   ¡insectos! Bien.bien.bien.   *¿por qué?* **cuerpos**
y en silencio me quedo. **SOÑAR CRECER JAMÁS** *¿por qué?*
                                        muertos
¿Por qué?, poesía,   **muertos**
cuando más quiero callar, *qué bien sería* **muertos**
no puedes tú, no,   **muertos** *callar lo que llevas dentro*
sino morder y gritar   **muertos** *la podredumbre y costas secas*
silenciosa de noche   **muertos** *costras, insectos, maldiciones*
sin que yo pueda   **muertos** *corazones, las fotos, muecas*
decir más   **muertos** *muecas muecas muecas muecas muecas*
que por favor **muertos** *del diablo, sonrisa, qué hermosa es la risa*
calles ya   **muertos** *muecas ¡qué bendiciones! corazones negros*
o te escribo **muertos** *muerte hermosa, cobardía y son de noche, ¡dulzura!*

III

DEL JARDÍN Y SUS SECRETOS

MUY LEJOS DENTRO MÍO

Muy lejos
dentro mío
hay un lugar
sin lenguaje.

Verbo de tierra
entre los dedos
de la mano labriega
luego en el suelo
ahora tierra
oscura.

Adjetivo de humo
de incienso
que al viento sopla
y entonces
al ser viento
no es nada.

Sustantivo
imposible
susurro de la lluvia,
tambor de hojas secas,
crujido de otoño
para mis pies.

ESPEJO

Cascada fragmentada de mi tiempo
torrente de rubís en comisuras
sarcástica burla en charcos de mi salto
y así infinitamente rotas son
las miserables aguas a que aspiro
sucias, frías, tantas, sin razón.

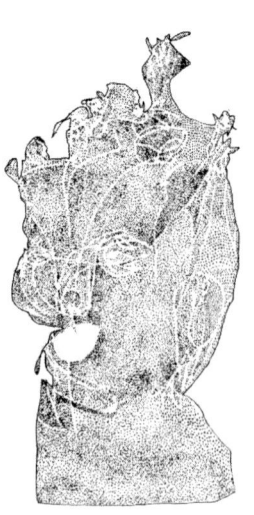

A LAS ORILLAS DE UN LAGO

A las orillas de un lago
descansa un niño curioso
con su mirada ternura
en el extremo majestuoso.

Manzano, manzano dulzura,
vuelve hacia mí
tu mirada roja
que mi lengua se olvida
del sabor de tu boca.

A sus espaldas el viento
mirada y voz errante
(susurro, piel de hojas)
se mece la fruta brillante.

Rojo y azul hundido.
Salpica el agua pura.
Fruta oscura, oscura, oscura.
Y un oleaje perdido
toca la orilla, besa el niño
con un rumor escarlata.

Se va otra mirada, se va otro niño
dedos sabor manzano,
deambula un viento extraño,
un viento que no es el mismo,
hace tiempo olvidado.

AQUEL FUEGO YAGECINO

Me cuenta una fogata en noche invierno
de su infancia el otoño y de su nombre
"yo soy otoño, yo soy viento
yo soy hoja, más soy siento".
De sí no es el cabello su metáfora
pues más del arte confesión sería
llamar del roble a su cabello: fuego
con voz de tijera, muerte y juego.

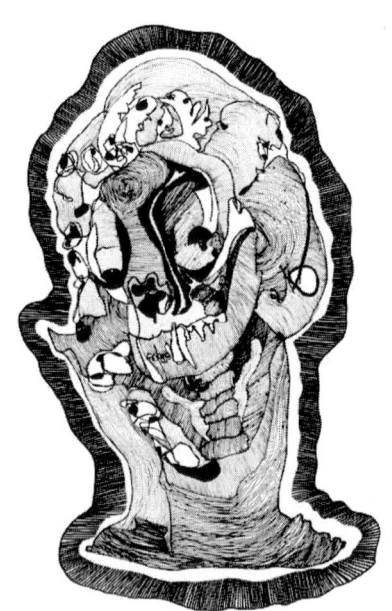

QUIETUD

Cracovia

Tú levantas la falda de los parques
y de los fuertes maderos su mirada
con tu vestido de brisa y de virtud
y das al vientre su esencia congelada
del que cultiva el mar también en piedra
con tu manantial pausado y su quietud
y por tus calles de lluvia y plata salpicada
donde detrás de mí cien hombres fueron
y que hasta hoy visten su piel de juventud.

EL EMPERADOR

París

Nací una flor y doy mi polen
al tul que perdiste por rencor
que en mi galopar conquiste yo
con beso azul y de la orquídea el ego
al derramar mi paz en tu ciudad
dándote la vida, el fuego y mi piedad.

EL PRÍNCIPE

Florencia

Me sedujiste clara en tu corona
y mordiste en la cruz a mi princesa,
cuya lengua es una daga y me destrona,
muriéndome antes suyo y sin laurel
y con mis fieras en la luz de una promesa
que, con poder, imperio, y sin su piel.

EL PUENTE

Dresde

Lengua de piedra, unes al río y los antojos
y acá, con amor, todo es recuerdo sumo
todo es manto negro y es perdido.

Látigo de sed y de la ausencia,
piel seca y rugir del eco en callejones
el amar me robas, la distancia pones.

Llorará tu cuerpo lo que mi deseo enfrente
y tendrá tu piel por caricia mi cruel diente.

CENIZAS

Praga

Niña olvidada en la conquista y sus escombros
el eco es tu grito de auxilio, tu soga del tiempo,
que es tu cabello y el escape.

Camino por tus rocas, por tu fuego de ilusiones,
por tu silencio de tierra y de lombrices.

Niña de los grises y de espejos,
en ti cada paso es verme.

LUNA LUNA

¿Cuándo volverán a tener…?
¿Volverán a tener alguna vez
mis ojos una luz
de vespertino el piano
y de los sueños su niñez?

¿Volverán a tener alguna vez
del error su perspectiva
y aún más de su pecho un abrazarlo?,
pues abrazarlo no es error
que es más error el negarlo,
y no es error ser voz de espuma
ni menos serlo ser de sí la luna.

Me valdrá más en el día ser alfombra
que caminar sin nombre entre los nombres
y ser de noche más un qué alumbrando
que cuando la niñez es más nocturna
seré a la luna luna,
después con las nubes la traición
para ser ya solo una
y aún más de un piano su canción.

CUERVOS

No dejan de ser arte las palabras negras
así como el cuervo en un invierno azul
y estos versos sin arte ni estructura aún.
Mis malas rimas y los poemas que boto
no son fracaso ni de expresión errores,
mas una obra de sangre con olor a flores.
Jamás he resentido el nacer de oscuridad
y, aunque no pueda hablar claro y rime mal,
vendré del cuervo, mas por cuervo he de volar.

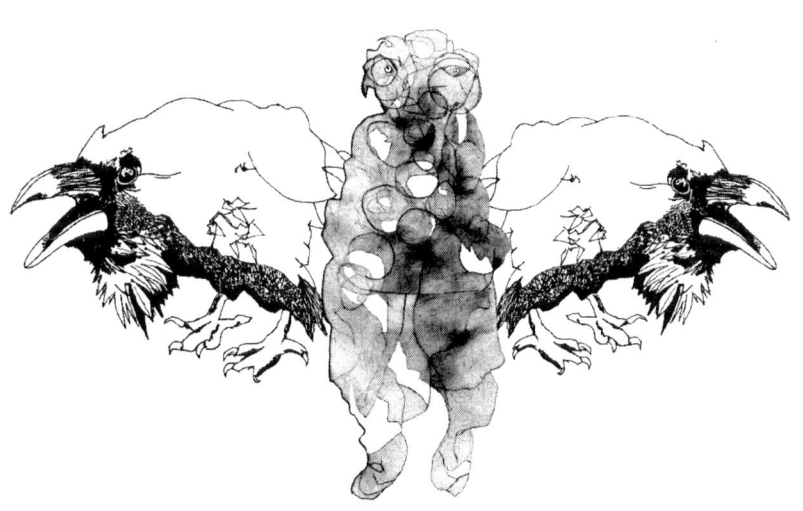

EL AMOR QUIERE SER ESTRELLA

El amor quiere ser estrella.
¡Cómo sufre, cómo cela!,
alumbra, pero no destella
pues no hay lenguaje ni rima
que caliente o encienda
la piel negra de la palabra amor
quien no encuentra métrica
que alivie su esencia tétrica
por rimar con las letras de dolor
y no con la palabra estrella
que, siendo fría, es llama bella.

EL BESO

Viena

Lento germina una nota, (una gota)
(dos claveles y tres mil bellotas)
y en un floral tus labios cultivo
(bajo una sombra de olivo)
de mi caudal cautivo y horas crueles
brota un tulipán de mi mente
...cada segundo aguanto,
y cada paso se siente...
¿Cómo se espera tanto?
¡Y cuánto un segundo miente!

GAVIOTAS

Budapest

Se desprende una semilla de su canto
que en mi pecho su tierra por maldad florece
y un abrazo de espinas a mi mente ofrece,
que ahogo en tu lluvia y en su sed de llanto.

EL CAMALEÓN

Mónaco

Soy lengua larga, del color esclavo,
en mi sed soy tu noche y cielos rojos.
Si miro bien la luna veo un clavo
y ayer junto a tu charco mis despojos
eran reflejo mudo en un centavo
que era el galán abismo de tus ojos.
Y entonces entendí lo que es la suerte:
perderlo todo por jamás perderte.

DE QUERER QUIERO

De querer quiero, de poder no sé qué tanto
volar, crecer, alzar
mi frente contra el mundo en canto,
de poder no sé qué tanto,
qué tanto poder en mis palabras haya
porque puede más en mí
cada una que de mí es batalla
pues que poco o nada soy yo a ellas
como ellas a mí del pensamiento huellas.

De poder puedo, de querer no sé qué tanto
cambiar las noches solas,
un grito, un golpe, el recordar ¡y cuánto!,
pues al querer no fui jamás,
y aunque las tenga no las quiera más
y de poder, de poder no sé qué tanto.

Yo el querer quisiera, el no poder mi voz padece
por no cambiar las noches y mi llanto,
aunque no pueda si lo quiero tanto.
Y si mi nombre al grito traducción parece
más podría un niño traducir al viento
y aún ser el viento al ataúd encanto.

TRANSCURSO

Eres aquel contorno entre la playa y el desierto. Silencio de cálida mañana y su poesía. Piedad de madre, el deseo de un niño. Lloro en aquellas... nuestras tardes asilábicas... y en nuestra atemporal presencia de cuestiones. Espejo en llanto, sobrevivo en las futuras... en las futuras de la firme niebla, del infantil rescate y nuestro abrazo. Protejo nuestra arena soberana, con rugido de bastones y armisticios. Ocurriendo en el vientre de tus brazos le resguardas, a aquella nuestra atemporal presencia de ilusiones. Cristalina intérprete de este jardín furtivo y elusiones. Te regalo este campo. También mis románticas semillas del aquello. Navegante de la sangre negra, agradezco tu matutina sonrisa. Me la amarro en el dedo y es mi brújula. Y zarpo. Yo, tu surcador versado, el hábil hendidor de tu mar adamantino. Sin más palabras somos. Sin más palabras siendo. Conquistando tus aguas. Sosteniendo entre tus tierras de arena mojada, sosteniendo, mi patriótica bandera, sosteniendo. Rompiendo tu baluarte en olas de cariño. Fluyendo la coreografía de las rocas y la espuma. Transcurriendo la pasión de las burbujas y espesura. Transcurriendo.

CENOTAFIO

Desde poeta di por amigas las serpientes
que tripulan los barcos y los guían,
mas solo me hablaron de una sed tardía
por el premio negro de la gente
que dedica las noches y sus días
a verter el petróleo de su mente.

¿Me perdonas mamá
por caminar con serpientes?
Más sabes tú y papá
lo miel que cantan y lo hiel que mienten,
y cómo de seducción son tan al cuello
que de hipérbaton van al rimar
ya tan simple, ya olvidar,
ya sonido, y yo son bello.

Con el nacer a mi marfil me dieron
muy que muy tus flores, mamá,
y de papá aún en mí sus hongos más.
Y sea tu jazmín o más aún sus zetas
de ellas ambas la niñez recuerdo
y si niño fui, más no soy, ¿llegaré a serlo?
¿Llegaré algún día a amar
como terminé este verso?

Papá, ya está muerto tu hijo.
Ya no es niño tu niño, mamá.
Regalo a ustedes mi cenotafio

mi tumba con voz de poemas
y cada verso haría de epitafio
para ser al mundo testimonio
que aunque fracasé más de una vez
buscaré en mis veinte la niñez.

ÍNDICE

I. SEMILLAS